Fondements bibliques 1

I0162588

Connaître Jésus Christ en tant que Seigneur

Par Larry Kreider

House To House Publications
Lititz, Pennsylvania USA
www.h2hp.com

Connaître Jésus Christ en tant que Seigneur
Larry Kreider

Published by
House to House Publications
11 Toll Gate Road, Lititz, PA 17540 USA
Téléphone : 717.627.1996
www.h2hp.com

ISBN-10: 0-9904293-9-3
ISBN-13: 978-0-9904293-9-5

Table des matières

Livrets de cette série

Cet ouvrage fait partie d'une série de douze conçus pour aider les croyants à bâtir un fondement biblique solide dans leurs vies.

Introduction

Dans la ville de Pise, des ouvriers venaient de poser la première pierre d'une magnifique tour de clocher. Les matériaux de construction et la main d'oeuvre recrutée étaient les meilleurs de toute la période de la Renaissance. Cependant, il apparut rapidement que quelque chose était anormal. Une légère inclinaison était visible.

La brillante conception du bâtiment devenait déjà moins importante que ses fondements fragiles. Malheureusement, la tour était construite sur un terrain marécageux à seulement trois mètres au dessus du niveau de la mer. Aujourd'hui, la célèbre « tour penchée de Pise » a une réputation de bizarrerie architecturale.

En plus de trente ans de ministère comme responsable de jeunesse, pasteur et leader-serviteur dans différents contextes, j'ai observé ce même scénario dans la vie de nouveaux chrétiens tout autour du monde. Beaucoup se lancent avec beaucoup de zèle dans leur nouvelle foi en Jésus Christ, mais commencent à couler lorsqu'ils sont confrontés au découragement et aux problèmes. Dans certains cas, nous voyons des jeunes chrétiens ériger des tours défectueuses, utilisant les pierres de construction de leurs aptitudes, de leurs visions et de leurs dons personnels. Malheureusement, leurs fondements sont aussi instables que le sol marécageux sous la tour de Pise ! Sans exception, chacun d'entre eux a désespérément besoin d'un fondement biblique solide pour sa vie nouvelle.

Le fondement de la foi chrétienne est bâti sur Jésus Christ et sa Parole donnée pour nous, la Bible. Cette série de fondements bibliques de douze livrets comprend le fondement de doctrines bibliques nécessaire pour poser un fondement spirituel solide dans votre vie.

Dans ce premier livret de fondements bibliques, Connaître Jésus Christ en tant que Seigneur, nous bâtissons sur Jésus Christ et ses paroles : Quiconque entend ces paroles que je dis et les met en pratique sera semblable à un homme prudent qui a bâti sa maison sur le roc (Matthieu 7:24). Voulez-vous être sage ? Bâtissez sur Jésus Christ, le roc solide !

Les vérités fondamentales de la parole de Dieu sont présentées au travers de paraboles des temps modernes qui vous aideront à comprendre facilement les bases du christianisme. Utilisez ce livret et les onze suivants des Fondements bibliques pour poser un fondement solide dans votre vie ou, si vous êtes déjà un chrétien mature, ces livrets sont des outils merveilleux pour vous assister dans la formation d'autres disciples. Que sa Parole prenne vie pour vous aujourd'hui. Que Dieu vous bénisse !

Larry Kreider

Comment utiliser cet ouvrage de ressource

Étude personnelle

Lisez du début à la fin comme programme d'étude individuelle pour poser un fondement chrétien solide et développer la maturité spirituelle.

* Chaque chapitre contient un verset clé qu'il est bon de mémoriser.
* Des versets supplémentaires peuvent être utilisés pour approfondir sa compréhension.
* Chaque lecture inclut des questions de réflexion personnelle.

Méditations quotidiennes

Utilisez-le comme guide de méditation pour une étude quotidienne de la parole de Dieu.

* Des jours supplémentaires à la fin du livret portent le nombre total de méditations à un mois complet. La série de douze livres couvre une année de méditations quotidiennes.
* Des versets supplémentaires sont proposés pour approfondir l'étude.
* Chaque jour comprend des questions de réflexion.

Accompagnement et mentoring

Utilisez-le dans le cadre d'une relation de parentalité spirituelle pour étudier, prier et discuter ensemble des applications dans le concret.

* Un père ou une mère spirituel peut facilement emmener son fils ou sa fille spirituel dans ces courtes études bibliques et utiliser les questions de réflexion pour provoquer un dialogue sur le sujet étudié.
* Prenez une portion chaque jour ou un chapitre complet à la fois.

Études en petits groupes

Etudiez ces importants fondements bibliques dans un contexte de petit groupe.

* L'enseignant étudie le matériel contenu dans les chapitres et peut enseigner en utilisant le canevas tout simple mis à disposition en fin de livret.

Donner un cours de fondements bibliques

Ces enseignements peuvent être donnés par un pasteur ou par un autre responsable chrétien comme cours de fondements bibliques de base.

* Les étudiants lisent une portion du livret donnée.
* En classe, le responsable peut enseigner le sujet en utilisant les canevas de chapitres en fin de livret.

Poser un fondement solide

Jour 1 Le fondement de Jésus Christ

Il y a des années, je travaillais dans une équipe de construction. J'ai rapidement appris que la première étape pour bâtir une maison consiste à poser des fondations solides. De même, nos vies chrétiennes doivent être bâties sur le fondement solide de Jésus Christ. Il est le fondement de la foi chrétienne. *Car personne ne peut poser un autre fondement que celui qui a été posé, savoir Jésus Christ* (1 Corinthiens 3:11). Si nous bâtissons sur quelque chose d'autre, notre fondement spirituel est défectueux et va s'effondrer lorsque les épreuves et les tempêtes croiseront notre chemin – et nous pouvons être certains qu'elles seront au rendez-vous. Si nos fondations sont solides, nous serons capables de résister, quelle que soit la violence du vent.

Jésus – le fondement du christianisme

Esaïe 28:16
Matthieu 16:18 ; 11:27
Actes 4:11-12
Ephésiens 2:20 ; 2:18
1 Pierre 2:6-8 ; Jean 10:9
1 Jean 5:20

Ce livret et les onze autres livrets de cette série vont vous aider à continuer de bâtir après avoir posé le fondement d'une rencontre personnelle avec Christ qui déclare… *Je suis le chemin, la vérité, et la vie. Nul ne vient au Père que par moi* (Jean 14:6).

Beaucoup de gens ont une fausse compréhension de ce que veut dire être chrétien. Certaines personnes pensent que si vous vivez dans une « nation chrétienne », telle que les Etats-Unis, vous êtes un chrétien. D'autres pensent qu'ils sont chrétiens parce que leurs parents sont chrétiens. Le fait d'être un disciple de Jésus Christ ne dépend pas de notre arrière-plan familial ou ethnique. C'est basé sur une relation. Le fait de savoir des choses au sujet de Dieu ne signifie pas que nous le connaissions personnellement. Vous avez peut-être beaucoup d'informations sur la reine d'Angleterre, mais vous ne la connaissez probablement pas personnellement. Vous ne pouvez pas connaître Dieu sans avoir une relation avec lui. Le christianisme se résume au fait d'avoir une relation avec le Dieu vivant.

Liz fut attirée au christianisme lorsqu'un nouveau voisin emménagea à côté de chez elle. Elle se souvient : « Judy parlait de Dieu en termes intimes, et je voyais qu'elle le connaissait réellement. Elle se comportait comme si Dieu vivait dans la maison avec elle. » Liz aspirait à avoir ce même type de relation avec Dieu, ce qui l'amena à donner elle aussi sa vie à Christ.

Les fondements de base pour une vie chrétienne doivent être construits sur Jésus Christ qui désire nous connaître personnellement. Dans ce livret, nous allons voir que Dieu s'est révélé à nous au travers de Jésus Christ.

REFLEXION
Comment est-il possible de tout savoir sur Dieu, mais de ne pas réellement le connaître ? Selon Jean 14:6, comment peut-on connaître Dieu ?

Or, la vie éternelle, c'est qu'ils te connaissent, toi, le seul vrai Dieu, et celui que tu as envoyé, Jésus Christ (Jean 17:3).

Jour 2 Dieu désire nous connaître personnellement !

Notre univers et tout ce qui le compose a un ordre et un dessein. Sa complexité et sa beauté suggèrent la présence en arrière-plan d'un créateur intelligent. Dieu a prévu que la beauté de l'univers conduise les gens vers lui (Psaume 19:1). Dans Romains 1:20, l'apôtre Paul nous dit que Dieu s'est fait lui-même connaître par la nature et par une reconnaissance intérieure et instinctive de Dieu. En effet, les perfections invisibles de Dieu, sa puissance éternelle et sa divinité, se voient comme à l'oeil, depuis la création du monde, quand on les considère dans ses ouvrages. Ils sont donc inexcusables.

Dans la nature, nous voyons des évidences qu'il existe, mais c'est réellement par la foi qu'il doit être accepté. *Or sans la foi il est impossible de lui être agréable ; car il faut que celui qui s'approche de Dieu croie que Dieu existe, et qu'il est le rémunérateur de ceux qui le cherchent* (Hébreux 11:6).

Si une personne ne veut pas croire en Dieu, elle peut trouver un million de raisons de ne pas y croire. Cependant, quand vous y réfléchissez, il faut vraiment plus de foi pour ne pas croire en Dieu qu'il n'en faut pour croire à son existence.

Beaucoup de gens imaginent Dieu comme un être distant et impersonnel, présidant sans intérêt sur sa création et n'intervenant que lorsque les humains le supplient d'agir en leur faveur. « Dieu nous observe à distance » était le refrain d'un chant populaire d'un chanteur américain. Une telle vision est complètement fausse.

La Bible révèle un Dieu qui cherche l'humanité parce qu'il désire entrer en relation avec elle. Dieu, le Créateur et Roi de l'univers, qui existait avant le commencement du temps, a créé l'homme à son image. Dieu a dit : *Faisons l'homme à notre image, selon notre ressemblance...* (Genèse 1:26). Il désire que l'homme reflète son image. Le créateur de l'univers désire avoir une relation et une amitié personnelle avec vous ! Il désire que vous le connaissiez, il désire être votre ami intime. *L'amour de Dieu a été manifesté envers nous en ce que Dieu a envoyé son Fils unique dans le monde, afin que nous vivions par lui* (1 Jean 4:9).

REFLEXION

Vous pouvez voir Dieu dans la nature, mais comment pouvez-vous réellement croire qu'il existe (Hébreux 11:6) ? Pourquoi Dieu recherche-t-il l'humanité ?

Jour 3 Jésus – le seul chemin qui conduit à Dieu

Nous avons été créés pour vivre une relation d'amour et de proximité avec Dieu et les uns avec les autres. Pour Dieu, les relations sont centrales. Il nous a créés pour vivre en communion constante avec lui. Mais les premiers êtres humains, Adam et Eve, créés sans péché et en parfaite communion avec Dieu, se sont rebellés contre lui dans le jardin d'Eden. Lorsque Satan les a tentés de goûter au fruit défendu du seul arbre du jardin que Dieu leur avait commandé de ne pas toucher, leur péché de désobéissance les a aliéné de Dieu (Genèse 3:6, 14-19).

Dieu a-t-il laissé l'humanité périr dans son péché ? Non ! Il les a aimés et a continué de chercher à les rejoindre. Dans la Bible, nous ne voyons pas l'homme chercher Dieu ; nous voyons Dieu chercher l'homme. *Ce n'est pas vous qui m'avez choisi ; mais moi, je vous ai choisis...* (Jean 15:16).

Mais quelle possibilité l'homme a-t-il de connaître le Dieu éternel ? Dieu est infini, tout puissant et entièrement sage (Esaïe 40:12-18, 55:8-9). Comment pourrions-nous jamais être en contact avec un Dieu si grand ? C'est possible au travers de Jésus Christ. Dieu a pris l'initiative de se révéler en Jésus Christ. Il nous a rejoint au travers de Christ. Nous pouvons connaître le Père en connaissant Jésus. Jésus lui-même a dit : *Si vous me connaissiez, vous connaîtriez aussi mon Père... Celui qui m'a vu a vu le Père* (Jean 14:7, 9).

Lorsque nous voyons Jésus, nous voyons Dieu le Père. Nous devons accepter Jésus Christ et croire en lui pour pouvoir connaître Dieu.

Certaines personnes disent qu'il y a beaucoup de chemins pour arriver à Dieu, mais la Bible est claire – nul ne peut venir à Dieu et aller au ciel si ce n'est par Jésus Christ (Jean 14:6, Actes 4:12). La Bible nous montre que tout le monde ne sera pas sauvé (Matthieu 25:41-42), et ce que nous croyons importe vraiment, quelle que soit notre sincérité (Actes 17:22-31).

REFLEXION

Pourquoi avez-vous été créé ? Qu'est-ce qui vous aliène de Dieu ? Comment pouvez-vous connaître Dieu selon Jean 14:9 ?

Nous devons croire, par la foi, que Jésus est « le chemin, la vérité et la vie », parce que nous ne pouvons venir à Dieu que par Jésus Christ.

Jour 4 Réalisons que nous sommes perdus dans nos péchés

Si nous voulons être sauvés et connaître Jésus en tant que Seigneur, nous devons d'abord réaliser que nous sommes perdus. *Car tous ont péché et sont privés de la gloire de Dieu* (Romains 3:23).

Nous avons tous péché. La terme « péché » signifie littéralement manquer la cible (de la volonté parfaite de Dieu). Il serait très improbable qu'une personne habituée à tirer sur des cibles ne fasse que des cartons en plein centre. Il lui arrivera de temps à autre de rater la cible. Le péché rate la cible de la volonté parfaite de Dieu, comme nous le montre sa Parole, et nous sépare de Dieu. Nous avons tous péché. Jésus est venu pour résoudre le problème du péché de l'humanité. Il commence par nous convaincre, ou nous rendre conscients, de notre péché… *Il convaincra le monde en ce qui concerne le péché* (Jean 16:8).

Le péché, problème de l'humanité

Ecclésiaste 7:20
Galates 3:22
1 Jean 1:8-10
Romains 5:12
Ephésiens 2:13

Quelqu'un demanda une fois à D. L. Moody, un évangéliste du dix-neuvième siècle : « Je n'ai qu'un ou deux petits péchés. Comment Dieu pourrait-il me rejeter ? »

Moody répondit : « Si tu essaies de te hisser sur un toit avec une chaîne, il ne suffit que d'un seul maillon faible pour te faire tomber par terre. Les autres maillons peuvent être en parfaite condition. De même, un seul péché peut t'amener à passer l'éternité séparé de Dieu. » Moody avait raison. Un seul péché peut suffire à nous séparer de Dieu. Dieu nous aime, mais il déteste le péché.

Le péché est comme le cancer. Si un des membres de ma famille a un cancer de la peau sur son bras, je le détesterais chaque fois que je le verrais (le cancer). C'est ce que Dieu ressent par rapport au péché. Il sait que le péché va détruire les gens qu'il a créés pour être en communion avec lui. Dieu nous aime. Il ne veut pas nous détruire. Mais si nous nous cramponnons avec entêtement à notre péché, celui-ci va finir par nous détruire.

Une fois que nous réalisons que nous avons raté la cible, nous devons croire que Jésus peut nous sauver de notre état de perdition qui nous condamne. *Celui qui croit en lui n'est point jugé ; mais celui qui ne croit pas est déjà jugé, parce qu'il n'a pas cru au nom du Fils unique de Dieu* (Jean 3:18).

Jour 5 **Se repentir et croire**

Dieu, dans son grand amour et sa miséricorde, ne pouvait pas laisser l'humanité dans un état de péché et de condamnation. Il nous a tant aimé et n'a pas voulu nous voir mourir dans nos péchés...

ne voulant pas qu'aucun périsse, mais voulant que tous arrivent à la repentance (2 Pierre 3:9).

La repentance
Luc 13:3, 5 ; 5:32
1 Timothée 2:4
Romains 2:4
Actes 17:3

C'est la volonté de Dieu que nous ne mourrions pas dans nos péchés, parce que nos péchés exigent une pénalité terrible – la peine de mort. On pourrait aussi dire que nos péchés reçoivent un salaire horrible, le salaire de la mort, selon Romains 6:23 : *Le salaire du péché, c'est la mort...*

Nous gagnons ou méritons ce pour quoi nous travaillons. Si nous travaillons pour le péché – vivant dans la confusion et le désordre en dehors de Dieu – la mort est le salaire que nous méritons pour nos péchés (séparation spirituelle de Dieu pour l'éternité). Mais la bonne nouvelle, c'est que Dieu a prévu une voie de sortie. Même si « le salaire du péché est la mort », Dieu nous donne le don gratuit du salut et de la vie éternelle en Jésus Christ… *mais le don gratuit de Dieu, c'est la vie éternelle en Jésus Christ notre Seigneur* (Romains 6:23b).

Dieu a envoyé Jésus pour nous offrir un nouveau royaume qu'il est venu établir dans nos cœurs. Ceci se produit lorsque nous nous repentons de nos péchés et croyons à la vérité de son évangile… *Après que Jean eut été livré, Jésus alla dans la Galilée, prêchant l'Évangile de Dieu. Il disait : Le temps est accompli, et le royaume de Dieu est proche. Repentez-vous, et croyez à la bonne nouvelle* (Marc 1:14-15).

La volonté de Dieu est que chacun se détourne de son péché et vienne à lui. Il désire que chacun parvienne dans une position de repentance, parce que c'est Dieu lui-même qui… *annonce maintenant à tous les hommes, en tous lieux, qu'ils ont à se repentir* (Actes 17:30).

Le mot repentance signifie *changer, se détourner, renversement d'une décision ou transformation*. Si vous allez dans une direction, « se repentir » signifie que vous vous détournez et allez maintenant dans la direction opposée. Si vous allez quelque part et réalisez que vous avez pris la mauvaise route, vous devez faire demi-tour et aller dans la direction opposée. Cela signifie que vous devez changer votre mentalité et vos actions.

Un de mes amis roulait un jour dans sa voiture un écoutant à la radio une émission chrétienne. Le commentateur se mit à prêcher : « Quelqu'un est sur la route maintenant, et le Seigneur vous appelle à lui donner sa vie. » Mon ami fut convaincu de péché. « C'est moi ! » dit-il. Il gara sa voiture sur le bas côté de la route et se mit à pleurer alors qu'il confessait ses péchés et donna sa vie à Jésus. Sa vie fut totalement transformée à partir de ce moment. Il prit une décision impliquant l'action extérieure de se détourner du péché et de se tourner vers le Père.

REFLEXION

Quel est le salaire du péché selon Romains 6:23 ?
Décrivez la « repentance » avec vos propres mots

Une bonne description de la repentance est la suivante : « (La repentance est) le fait de se détourner résolument de tout ce que nous savons déplait à Dieu. Ce n'est pas le fait de nous améliorer par nous-mêmes avant de l'inviter dans notre vie. Au contraire, c'est parce que nous ne pouvons pas nous pardonner ou nous améliorer nous-mêmes que nous avons besoin qu'il vienne à nous. Mais nous devons être prêts à ce qu'il fasse les réaménagements qu'il désire quand il vient. Il ne peut y avoir de résistance ou de tentative de négocier selon nos propres termes, mais bien plutôt une reddition inconditionnelle à la seigneurie de Jésus Christ. »

Jour 6 Confesser Jésus Christ en tant que Seigneur

Nous venons à Christ en confessant et en croyant que Jésus Christ peut nous sauver d'une vie séparée de Dieu. Tout comme un couple confesse son engagement l'un envers l'autre le jour de leur mariage au début de leur vie de couple, nous confessons Jésus Christ comme notre Seigneur pour commencer notre relation avec Dieu.

Jésus en tant que Seigneur
Actes 2:36 ; 10:36
Jean 13:13
1 Corinthiens 8:6 ; 12:3

Si tu confesses de ta bouche le Seigneur Jésus, et si tu crois dans ton coeur que Dieu l'a ressuscité des morts, tu seras sauvé (Romains 10:9).

Un homme se débattait avec la question suivante : était-il un chrétien, oui ou non ? J'ai pris sa Bible et lui ai montré Romains 10:9, lui demandant de lire ce passage. Il l'a lu et relu, et soudain la foi s'est mise à jaillir dans son cœur. Il m'annonça avec enthousiasme : « Maintenant, je sais que je suis réellement un chrétien ! » Pourquoi ? Il ne s'appuyait plus sur ce qu'il ressentait, mais sur ce que Dieu disait dans sa Parole. Il confessa de sa bouche que Jésus est Seigneur et expérimenta un salut réel.

Que signifie le fait de connaître Jésus Christ comme le Seigneur de nos vies ? Seigneur signifie : dirigeant, roi, patron, une personne qui a un contrôle complet sur nos vies. Cela implique cependant encore plus que cela. Le fait de la confesser en tant que Seigneur est aussi une confession de sa divinité. Lorsque nous disons que

Jésus est le Seigneur de nos vies, nous ne confessons pas seulement qu'il a un contrôle complet sur nos vies, mais aussi qu'il est Dieu. Lorsque Jésus a marché sur la terre, César, le dirigeant, était appelé « seigneur ». Lorsqu'un soldat romain saluait une autre personne, il disait : « César est seigneur ! »

L'autre personne répondait : « César est seigneur ! » Ils impliquaient en réalité que l'empereur était un dieu.

Mais lorsqu'un soldat saluait un chrétien, celui-ci répondait : « Jésus est Seigneur ! » Le chrétien était alors puni, la plupart du temps jeté aux lions. Beaucoup ont été martyrs pour la cause de Christ. Les premiers chrétiens comprenaient clairement ce qu'impliquait la seigneurie ! Cela demandait un engagement total de leur part.

Dans la Bible, le mot « sauveur » est mentionné à trente-sept reprises. Le mot « seigneur » est mentionné sept mille sept cent trente-six fois. Dans le Nouveau Testament, nous trouvons « sauveur » à vingt-deux reprises et « seigneur » quatre cent trente-trois fois. Les deux sont très importants, mais l'accent est sur Jésus en tant que Seigneur de nos vies.

REFLEXION
Qu'est-ce que le fait d'avoir Jésus comme Seigneur de votre vie signifie pour vous personnellement ?

Aujourd'hui, nous avons le privilège de confesser Jésus en tant que Seigneur parce que nous l'avons choisi, pas parce que nous en avons l'obligation ou le devoir. Mais au jour du jugement, lorsque Jésus reviendra, chacun reconnaîtra sa seigneurie et se prosternera devant lui, selon Philippiens 2:10-11 : *Afin qu'au nom de Jésus tout genou fléchisse dans les cieux, sur la terre et sous la terre, et que toute langue confesse que Jésus Christ est Seigneur, à la gloire de Dieu le Père.*

Jour 7 Recevoir le salut et devenir un enfant de Dieu !

Jésus a pris votre place sur la croix il y a deux mille ans afin que vous puissiez connaître Dieu. *Christ aussi a souffert une fois pour les péchés, lui juste pour des injustes, afin de nous amener à Dieu...* (1 Pierre 3:18).

Quand vous le recevez comme Seigneur, il fait de vous son enfant. *Mais à tous ceux qui l'ont reçue, à ceux qui croient en son nom, elle a donné le pouvoir de devenir enfants de Dieu* (Jean 1:12). Je me souviens d'une fois où je parlais à un groupe d'adolescent en Ecosse. J'ai sorti un peu d'argent de ma poche et l'ai offert à un jeune homme de l'audience. Je lui ai dit qu'il pouvait dire « Je crois à cet argent » tant de fois qu'il le voulait, mais qu'il devait le *recevoir* pour que cet argent lui appartienne. Je lui ai dit : « Si tu le reçois, c'est un don gratuit de ma part. Tu n'as rien fait pour le mériter, mais il est à toi. » Bien sûr, il l'a pris !

Recevoir Christ
Hébreux 9:28
Romains 5:6-8 ; 8:3
2 Corinthiens 5:21
Galates 1:4 ; 3:13
Jean 20:31
1 Jean 5:12

Vous pouvez croire en Jésus, mais vous n'avez le salut que si vous recevez le don de Dieu pour vous – Jésus Christ. Le salut est un don gratuit ; vous ne pouvez pas le gagner. Vous ne méritez pas le salut, mais Dieu vous le donne quand même parce qu'il vous aime. Vous avez le salut et la vie éternelle si vous acceptez le don de Dieu pour vous et invitez Jésus à être le Seigneur de votre vie.

Avez-vous demandé à Jésus Christ de venir dans votre vie comme votre Seigneur et Roi ? Si ce n'est pas le cas, vous pouvez le faire maintenant. Les Ecritures nous disent que c'est aujourd'hui le jour du salut (2 Corinthiens 6:2).

Prenez un moment pour la prière du salut. Commencez votre vie nouvelle en Christ aujourd'hui !

REFLEXION
Qu'est-ce que le fait d'avoir Jésus comme Seigneur de votre vie signifie pour vous personnellement ?

Trouvez quelqu'un avec qui en parler, quelqu'un qui peut vous encourager et vous aider à grandir spirituellement. Attendez-vous à ce que le Seigneur vous utilise avec puissance alors que vous apprenez à le connaître et à répondre à sa voix. Que Dieu vous bénisse !

Prière du salut

Je confesse Jésus Christ en tant que Seigneur et Roi de ma vie. Je crois dans mon cœur qu'il est ressuscité des morts. Seigneur, je te confesse que j'ai souvent « raté la cible » et agi à ma façon. Mais à partir de ce moment, je reçois Jésus Christ comme sacrifice pour mes péchés, et je suis une nouvelle création en Jésus Christ. Les choses anciennes sont passées, et toutes choses sont devenues nouvelles. Christ vit en moi !

Comme j'ai confessé Jésus Christ comme mon Seigneur et que je crois dans mon cœur qu'il est ressuscité des morts, je sais que je suis sauvé ! J'ai reçu la vie éternelle comme un cadeau gratuit de ta part ! Amen.

Calculer le prix

Jour 1 Engagement total requis

Il y a bien des années, alors que j'étais engagé dans un ministère auprès des jeunes, j'avais l'habitude de leur dire : « Si vous voulez des amis, la paix dans votre conscience et des choses à travailler dans votre vie, venez à Jésus, il va vous aider. » Beaucoup de ces jeunes se sont engagés avec Jésus, mais deux mois plus tard, ils faisaient à nouveau leurs propres histoires au lieu d'obéir au Seigneur. Dans beaucoup de cas, ils étaient même pires qu'avant d'avoir pris un engagement pour Christ. Ils n'avaient pas compris que Jésus devait être leur Seigneur. Ils « sont venus à Jésus » pour ce qu'ils pouvaient en tirer, plutôt que de recevoir Jésus Christ en tant que Seigneur – le chef absolu de leurs vies.

L'engagement pour Christ
Luc 18:22-23 ; 18:28-30
Philippiens 3:7-8
1 Jean 2:15-16

La Bible nous dit dans Romains 10:13 que *quiconque invoquera le nom du Seigneur sera sauvé.* Invoquer le « Seigneur » signifie que nous sommes prêts à faire de lui le maître, le patron, le dirigeant absolu de chaque aspect de nos vies, de chaque minute de chaque jour. Cela requiert un engagement total.

Les chrétiens prêchent souvent un Jésus « faible ». C'était mon cas. J'ai changé mon approche et j'ai vu maintenant un fruit durable. J'ai expliqué au groupe de jeunes suivant : « Jésus doit être Seigneur sur toutes choses dans vos vies. Seriez-vous prêts à mourir pour Jésus si vous le deviez ? » J'ai été étonné de leur réponse. Ils ont sérieusement calculé le prix avant de prendre un engagement pour Christ, comme Jésus nous le demande dans Luc 14:33… *quiconque d'entre vous ne renonce pas à tout ce qu'il possède ne peut être mon disciple.* Le résultat ? Ils ont expérimenté un changement durable.

Quelqu'un demanda une fois à un homme d'état chrétien de Suisse : « Comment réagiriez-vous si vous parliez à un jeune intéressé par Dieu, que vous lui disiez qu'il doit renoncer à tout pour suivre Christ, mais qu'il n'est pas prêt à cela. Puis il s'en va, traverse la route, se fait renverser par une voiture et meurt là sur la chaussée. Comment vous sentiriez-vous par rapport à votre « ligne dure » ? Le vieil homme répondit : « Je commencerais par m'asseoir et pleurer, puis je me reprendrais et j'irais dire la même chose à la personne suivante. » Il savait qu'un engagement total serait un engagement durable. Il lui fallait dire la vérité et laisser les individus faire leur choix.

REFLEXION

En quoi avez-vous calculé le prix avant de vous engager pour Christ ?

Jésus requiert un engagement total. Les véritables chrétiens ont Christ comme Seigneur de chaque aspect de leur vie, et ils le démontrent. Pour prendre ce genre d'engagement, vous devez sérieusement calculer le prix.

Jour 2 Considérer le prix

Des grandes foules suivaient Jésus. Elles étaient enthousiastes de suivre ce nouveau leader qui parlait avec une telle autorité. Mais Jésus savait que leur attachement était superficiel. Il voulait qu'ils réfléchissent vraiment à ce qu'impliquait le fait de le suivre, donc il leur a parlé en paraboles. *Car quel est celui d'entre vous qui, voulant bâtir une tour, ne s'asseye premièrement et ne calcule la dépense, pour voir s'il a de quoi l'achever ? De peur que,*

Calculer le prix
Luc 14:33
Matthieu 10:22 ; 20:22-23

en ayant jeté le fondement et n'ayant pu l'achever, tous ceux qui le voient ne se mettent à se moquer de lui... (Luc 14:28-29).

Jésus a donné un message très clair concernant le prix à payer pour le suivre. Il a souligné qu'un individu doit comprendre les termes de la formation de disciple et ne pas la prendre à la légère. *Si quelqu'un vient à moi, et ne hait pas son père, et sa mère, et sa femme, et ses enfants, et ses frères, et ses soeurs, et même aussi sa propre vie, il ne peut être mon disciple* (Luc 14:26). La différence entre notre amour pour Dieu et notre amour pour le membre de notre famille qui nous est le plus proche est aussi grande que la différence entre l'amour et la haine. Il nous est commandé d'aimer tous les hommes et notre prochain comme nous-mêmes. Cependant, lorsque nous comparons cet amour à l'amour que nous avons pour Dieu, il n'y a pas de comparaison. Si Jésus est le Seigneur de ma vie, il est aussi Seigneur de mon couple, de mon argent, de ma famille, de mes possessions, de mon avenir ; Il est Seigneur de tout !

Il y a des années, nous avons conduit une amie juive à la foi en Christ. En résultat, sa famille et beaucoup de ses amis la rejetèrent et refusèrent de lui parler. Elle avait clairement compris le coût de son engagement en faisant de Jésus le Seigneur et le dirigeant de sa vie.

Charles Finney, qui vivait il y a deux cent ans, était un évangéliste qui prêchait souvent aux étudiants sur les campus universitaires. Après sa mort, un sondage a été effectué révélant que quatre-vingt pour cent de ceux qui se sont engagés avec Jésus lors de ses croisades d'évangélisation vivaient encore pour Dieu et étaient victorieux dans leur vie chrétienne des années plus tard. Aujourd'hui, les statistiques nous disent que seuls deux pour cent de ceux qui ont donné leur vie à Jésus lors d'une campagne d'évangélisation vivent encore une relation vitale avec Jésus quelques années plus tard. Finney prêcherait aux étudiants, puis leur dirait d'aller déjeuner et de revenir plus tard s'ils veulent vraiment se repentir et se mettre en ordre avec Dieu. Il voulait qu'ils calculent le prix et soient sûrs de ce qu'ils faisaient. Lorsqu'ils se repentaient, ils calculaient le prix de leur engagement pour Jésus, et ne prenaient pas qu'une décision émotionnelle et désinvolte.

Jour 3 **Porter la croix**

Qu'est-ce que cela veut dire d'être totalement engagé pour Jésus ? Il y a une vieille histoire parlant d'un poulet et d'un cochon marchant le long de la route et croisant un homme paraissant affamé. Le poulet se tourne alors vers le cochon et lui dit : « Pourquoi ne lui préparerions-nous pas un petit-déjeuner d'œufs et de jambon ? »

Renoncer à soi-même
(porter sa croix)
Tite 2:12
Romains 6:14, 18 ; 8:2
Matthieu 10:38 ; 16:24-26
Marc 8:34-37

« C'est facile à dire », réplique le cochon. « Pour toi, ce n'est qu'une contribution, mais pour moi, c'est un engagement total. » Le cochon devrait mourir pour nourrir cet homme.

Il en va de même pour les chrétiens – nous devons littéralement mourir à nos propres désirs quand nous consacrons nos vies à Jésus, parce qu'il a donné sa vie pour nous. Jésus a dit qu'à moins que nous ne portions une croix, nous ne pouvons pas être ses disciples. *Et quiconque ne porte pas sa croix, et ne vient pas après moi, ne peut être mon disciple... Ainsi donc, quiconque d'entre vous ne renonce pas à tout ce qu'il a, ne peut être mon disciple* (Luc 14:27, 33).

Au temps bibliques, le fait porter une croix publiquement était le fait de criminels condamnés à l'exécution. Ils savaient pertinemment qu'ils allaient mourir. Le coût pour devenir un disciple de Christ est un renoncement complet à toute prétention sur sa propre vie. Porter une croix est un symbole de mort à soi-même. Luc 9:23, 24 dit que nous devons « porter notre croix » chaque jour et suivre Jésus. *Et il disait à tous : Si quelqu'un veut venir après moi, qu'il se renonce soi-même, et qu'il prenne sa croix chaque jour, et me suive : car quiconque voudra sauver sa vie la perdra ; et quiconque perdra sa vie pour l'amour de moi, celui-là la sauvera* (Luc 9:23, 24).

Quand vous mourez à vos péchés, vous sauvez votre vie ! Vous êtes libérés de l'esclavage du péché et vous devenez engagés au service de Dieu, selon Romains 6:22 : *Mais maintenant, ayant été affranchis du péché et asservis à Dieu, vous avez votre fruit dans la sainteté et pour fin la vie éternelle.*

Une jeune femme de Philadelphie était esclave de la prostitution et de la drogue depuis des années. Quand elle livra sa vie à Jésus, elle commença à porter une boucle d'oreille en forme de croix pour rappeler qu'elle était maintenant esclave de Jésus. Elle n'était plus esclave du péché, mais avait choisi de prendre sa croix et de suivre Jésus.

REFLEXION
Dans votre expérience, comment le fait d'avoir perdu votre vie pour Jésus vous a en fait amené à la sauver

Le salut est un don gratuit de Dieu mais, quand nous recevons ce don gratuit, nous avons la responsabilité de servir le Dieu vivant et de ne rien retenir pour nous-mêmes.

Jour 4 Jésus doit être Seigneur de tout

Supposez que je vous propose de vous vendre ma voiture, mais que je mette la condition que je veuille garder la boîte à gants. Vous direz : « C'est ridicule ! La boîte à gants fait partie de la voiture. Si tu me vends la voiture, elle m'appartient – dans son ensemble ! » C'est ainsi que les gens pensent lorsqu'ils viennent à Jésus. Ils disent : « Jésus, je te donne ma vie – toute à part un aspect. » (Cela peut être leurs finances, leur avenir, leur vie de pensées ou une habitude de péché).

Un jeune homme riche demanda à Jésus ce qu'il fallait faire pour hériter de la vie éternelle (Matthieu 19:16-22). Jésus savait que le domaine auquel le jeune homme s'accrochait était sa richesse, donc il lui dit de vendre ses possessions et de les donner aux pauvres. Le jeune homme s'en alla tout triste, parce que ses richesses représentaient plus pour lui que l'opportunité de marcher avec Jésus. Ses richesses avaient pris la première place dans sa vie. Jésus ne lui a pas donné un système de crédit avec intérêts de vingt-cinq pour cent et paiements mensuels faciles. Il ne lui a pas facilité l'accès. Non, Jésus savait que le dieu de ce jeune homme était l'argent et qu'il lui faudrait s'en débarasser pour permettre à Jésus de prendre la place des richesses dans son cœur. Soit Jésus est Seigneur de tout, soit il n'est pas Seigneur du tout !

Quand vous assemblez un puzzle et qu'il manque une pièce, c'est si frustrant ! Pourquoi ? Il n'est jamais complet. Il n'y a pas de satisfaction. Le péché frustre les gens. Quelque chose manque dans leur vie ; ils n'ont pas la paix. Mais lorsque Jésus devient le Seigneur de leur vie, ils ont maintenant une raison de vivre. Il vient donner la vie en abondance, pleine de sens (Jean 10:10). La Bible dit : *Et c'est ici le témoignage : que Dieu nous a donné la vie éternelle, et cette vie est dans son Fils : Celui qui a le Fils a la vie, celui qui n'a pas le Fils de Dieu n'a pas la vie* (1 Jean 5:11-12).

Quand nous recevons Jésus comme notre Seigneur, nous commençons à expérimenter sa vie. Le seigneur veut que nous ayons une vie enthousiasmante.

REFLEXION
Comment essayez-vous de garder « des boîtes à gants » pour vous-mêmes ?

Dieu a un plan incroyable pour votre vie aujourd'hui. Mais vous ne marcherez jamais dans la plénitude de ce que le Seigneur a en réserve pour vous à moins que vous ne donniez tout votre être au Seigneur !

Jour 5 **Vends tout !**

Jésus s'attend à ce que nous « vendions » tout pour sa Seigneurie parce qu'il a tout donné pour nous chercher et pour nous sauver. Nous trouvons ce concept étonnant dans une histoire que Jésus a raconté dans Matthieu 13:45-46 : *Encore, le royaume des cieux est semblable à un marchand qui cherche de belles perles ; et ayant trouvé une perle de très grand prix, il s'en alla, et vendit tout ce qu'il avait, et l'acheta.*

Acheté à grand prix
Marc 10:28-31
Actes 10:28
1 Corinthiens 7:23

Le marchand (Christ) est venu pour chercher des hommes et des femmes (les perles) prêts à répondre à son message de salut. Jésus a donné sa vie (tout ce qu'il avait) pour acheter une perle de très grand prix. Chaque chrétien est cette « une perle » achetée à très grand prix (1 Corinthiens 6:20).

Nous pouvons aussi voir cette parabole de la perle comme une image de ce que Jésus a tout donné pour nous sauver, et qu'il s'attend à ce que nous abandonnions complètement à lui une fois que nous l'avons trouvé. Les individus qui cherchent Dieu et le trouvent (la Perle de grand prix) doivent être prêts à sacrifier toutes les autres choses pour lui.

Les disciples des premiers siècles savaient ce que signifie tout abandonner pour Jésus. Quand Jésus a dit aux pêcheurs Jacques et Jean : « Suis-moi ! », ils ont laissé leurs bateaux et leurs filets – leur entreprise, leur source de revenu – et l'ont suivi. Quand Matthieu était assis derrière sa table de collecteur d'impôts, Jésus a passé par là et lui a lancé : « Suis-moi ! » Matthieu a laissé sa position et son travail, et il a suivi Jésus. Zachée, un riche collecteur d'impôts, a grimpé sur un arbre pour pouvoir voir Jésus passer. Jésus s'est arrêté, l'a regardé et lui dit qu'il venait dans sa maison ce jour-là.

Zachée n'a pas hésité. Il est descendu, emmena Jésus chez lui et déclara qu'il rembourserait tous ceux qu'il avait volés.

REFLEXION
Dans la parabole de la perle, quelle était la valeur de la perle ? Comment donnez-vous tout au Seigneur ?

Jésus lui dit : « *Aujourd'hui le salut est venu à cette maison* » (Luc 19:9). Jésus nous appelle aujourd'hui. Il veut vivre sa vie au travers de nous. Répondons-lui aujourd'hui comme l'a fait Zachée et donnons tout à Jésus.

Jour 6 **Tout lui appartient**

Jésus a dit que si nous étions attirés par les choses terrestres, nos cœurs se retrouvaient esclaves de ces choses. *Car là où est votre trésor, là sera aussi votre cœur* (Luc 12:34).

Le fait de s'abandonner à Jésus implique que nos intérêts changent, ils passent d'intérêts égoïstes à Jésus Christ. Les trésors terrestres ne nous accrochent plus autant, parce que nous n'en sommes plus esclaves. Nous devons renoncer à tout ce qui pourrait nous empêcher de mettre Dieu à la première place. Cela inclut chaque lien matériel, physique et émotionnel que nous avons dans ce monde. Nous devons donner à Dieu nos porte-monnaie, nos économies, nos maisons, nos familles, notre travail, nos loisirs, nos espérances, notre passé, notre présent, notre avenir – tout !

Que se passe-t-il alors ? Lorsque nous sommes prêts à tout déposer, nous découvrons que Dieu nous le reconfie. Il dit : « Je te redonne ta maison et ta famille et ton argent, mais à chaque fois que j'en ai besoin, tu dois me les donner. Ils sont à moi. Ils m'appartiennent tous. » Voilà ce que veut dire tout donner à Jésus. Nous réalisons alors que nous sommes les intendants de ces choses et non leurs propriétaires. Il est le propriétaire !

Ma famille appartient à Jésus. Mon compte en banque appartient à Jésus. Ma maison appartient à Jésus. Ma voiture appartient à Jésus. Parfois, je m'arrête pour prendre un auto-stoppeur parce que ma voiture appartient à Jésus, et je crois qu'il désire que j'aide ceux qui en ont besoin.

REFLEXION
Quelles sont certaines des choses qui rendent les gens esclaves aujourd'hui ? Comment êtes-vous les intendants plutôt que les propriétaires des choses terrestres ?

Juan Carlos Ortiz raconte l'histoire de personnes en Argentine qui sont devenues chrétiennes et qui ont vendu leur maison, leur voiture et d'autres possessions, et qui les ont donné à l'église. L'église les leur a redonnés en disant : « Tout cela appartient à Jésus, utilisez-les pour le servir. Quand quelqu'un a besoin d'une maison pour y habiter ou d'un transport en voiture, nous vous contacterons. » C'est exactement ainsi que Dieu le désire !

Jour 7 Comment renaître spirituellement

Lorsque nous faisons confiance à Jésus, nous croyons en lui et avons une relation personnelle avec lui en tant que Seigneur. Nous lui permettons de nous transformer de l'intérieur. Nous devons lui faire confiance pour qu'il nous change.

Un jour, un responsable religieux d'influence, Nicodème, rencontra Jésus secrètement de nuit et lui déclara qu'il était convaincu qu'il était le Messie. Nicodème était un bon Pharisien qui croyait que le Messie viendrait pour établir un royaume politique pour libérer les Juifs de la domination romaine, et il pensait que Jésus allait accomplir cela. Jésus prit cet homme par surprise quand il répondit... *En vérité, en vérité, je te dis : Si quelqu'un n'est né de nouveau, il ne peut voir le royaume de Dieu* (Jean 3:3).

Nicodème n'était pas prêt à croire que Jésus était venu pour changer le cœur des gens ou que ceux-ci puissent renaître spirituellement. Il ne pouvait pas comprendre qu'un seconde naissance est une naissance de notre esprit spirituelle, surnaturelle, dans le domaine céleste du royaume de Dieu.

En vérité, il faut de la foi de notre part pour pouvoir comprendre la nouvelle naissance, parce que c'est un miracle de Dieu. Vous vous demandez peut-être : « Je ne suis pas sûr d'être déjà né de nouveau. Comment puis-je le savoir ? » Eh bien, un nouveau-né ne dira jamais : « Je ne suis pas sûr d'être déjà né. » Soit vous êtes nés, soit vous ne l'êtes pas. Dans le sens spirituel, soit Christ vit en vous et vous êtes une nouvelle création, soit il ne vit pas en vous et vous avez raté l'examen (2 Corinthiens 13:5).

REFLEXION

Pourquoi est-il si important de naître de nouveau spirituellement ? Comment le Seigneur a-t-il changé votre cœur ?

Si vous êtes nés de nouveau, commencez à vivre la vie nouvelle de Christ qui vit en vous. *Je suis crucifié avec Christ ; ce n'est plus moi qui vis, mais Christ vit en moi ; et ce que je vis maintenant dans la chair, je le vis dans la foi au fils de Dieu, qui m'a aimé et qui s'est livré lui-même pour moi* (Galates 2:20).

Quelle déclaration étonnante. Christ vit réellement en vous quand vous le recevez dans votre vie ! Le même Jésus, qui a marché sur la terre il y a deux mille ans, vit en vous !

CHAPITRE 3

Confiance totale

VERSET CLÉ À MÉMORISER

...Je sais qui j'ai cru, et je suis persuadé qu'il a la puissance de garder ce que je lui ai confié, jusqu'à ce jour-là.

2 Timothée 1:12

Jour 1 La différence entre la croyance et la confiance

Un chrétien doit être totalement engagé envers le Seigneur. Vous ne pouvez pas enjamber la barrière pour entrer dans le royaume de Dieu. Dieu nous aime tant qu'il a envoyé Jésus pour mourir pour nos péchés. La parole de Dieu dit que nous devons croire en Lui pour avoir la vie éternelle. *Car Dieu a tant aimé le monde qu'il a donné son Fils unique, afin que quiconque croit en lui ne périsse point, mais qu'il ait la vie éternelle* (Jean 3:16).

Que veut dire « croire en lui » ? Beaucoup de gens aujourd'hui professent croire qu'il y a un Dieu ou croient qu'il y a un Dieu. Mais même les démons croient dans l'existence de Dieu. *Tu crois qu'il y a un seul Dieu, tu fais bien; les démons le croient aussi, et ils tremblent* (Jacques 2:19).

Le fait de dire que vous croyez n'est pas suffisant. Il y a une grande différence entre la croyance intellectuelle et la confiance. Le fait de croire réellement signifie faire totalement confiance. Lorsque mes enfants étaient petits, ils avaient l'habitude de se tenir en haut des escaliers de notre maison et de dire : « Papa, attrape-moi ! » Ils ne faisaient pas que croire à mon existence – ils me faisaient totalement confiance, et étaient absolument certains que je les rattraperais quand ils sauteraient dans mes bras.

On raconte l'histoire d'un funambule qui marchait sur une corde tendue au dessus des chutes du Niagara. Il demanda aux gens de l'audience s'ils pensaient qu'il était capable de traverser sur la corde en poussant une brouette et ils ont dit : « Oui ! » Mais quand il leur a dit qu'il avait besoin d'un volontaire pour s'asseoir dans la brouette, personne ne s'est annoncé. Leur croyance n'impliquait pas une confiance totale.

REFLEXION

Avec vos propres mots, expliquez la différence entre croire intellectuellement en Jésus et lui faire totalement confiance.

Vous me direz peut-être : « Bof, tant que je suis sincère. » Il n'est pas suffisant d'être sincère. Certaines personnes ont sincèrement tort. J'ai un ami qui pensait qu'il roulait sur une autoroute allant vers l'ouest en direction de Harrisburg, en Pennsylvanie, mais il allait en fait dans la fausse direction et arriva à Atlantic City, dans le New Jersey, à des centaines de kilomètres de sa destination. Il était sincère, mais il s'était sincèrement trompé.

D'autres disent parfois : « Tant que ma doctrine est correcte, tout va bien aller. » Le fait de croire dans la bonne doctrine ou d'avoir un fondement biblique ne va, en soi, pas nous sauver. Nous devons véritablement placer notre confiance en Jésus Christ en tant que Seigneur et entrer dans une relation d'amour personnelle avec lui.

Jour 2 Nous faisons confiance à Dieu parce qu'il est Dieu !

Nous faisons confiance à Dieu pour une raison : parce qu'il est Dieu. Lorsque nous croyons qu'il est réellement celui qu'il prétend être, nous allons l'aimer de tout notre cœur.

Avant que Jésus ne soit le Seigneur de ma vie, je voyais le christianisme comme une sorte d'« assurance incendie » spirituelle ; en fait, je ne voulais pas finir en enfer ! J'ai rencontré beaucoup de personnes qui ne veulent pas aller en enfer, mais qui ne font pas vraiment confiance à Jésus en tant que Seigneur de leur vie.

L'apôtre Paul démontra sa confiance en Christ lorsqu'il déclara dans 2 Timothée 1:12… *Je sais en qui j'ai cru, et je suis persuadé qu'il a la puissance de garder mon dépôt jusqu'à ce jour-là.* Paul n'a pas dit : « Je sais en quoi j'ai cru », il a dit : « Je sais en qui j'ai cru ». Il avait une profonde relation avec une personne – Jésus Christ.

Dieu n'attend pas de notre part une confiance aveugle. Il révèle qui il est dans sa Parole afin que, alors que nous apprenons à le connaître, nous puissions lui faire plus pleinement confiance en nous appuyant sur notre connaissance (de la Parole). La confiance est basée sur la prédictibilité et le caractère. Les Ecritures qui nous révèlent qui est Dieu et comment il a manifesté son amour aux hommes dans toute l'historie nous enseignent sur la cohérence de Dieu.

Nous ne faisons pas confiance en Dieu pour ce qu'il peut nous apporter. Bien qu'il soit vrai qu'il « fait des dons aux hommes » (Psaume 68:19), nous lui faisons confiance parce que nous l'aimons. Un jeune homme s'est une fois plaint auprès de moi : « Dieu ne fait rien pour moi. Je l'ai servi fidèlement, et j'espérai qu'une certaine fille chrétienne commence une relation avec moi, mais ça n'a pas marché. Je ne peux plus lui faire confiance. » Il servait clairement

Dieu pour des motifs égoïstes. Il essayait d'utiliser Dieu pour gagner quelque chose pour lui-même.

En tant que jeune femme, pouvez-vous imaginer de découvrir la veille de votre mariage que votre futur mari ne voulait vous épouser que parce que votre père possède une grande compagnie et qu'il désire un bon travail bien rémunéré ? La Bible appelle cela l'idolâtrie. Tout ce qui représente plus que Jésus pour nous est une idole dans nos vies. 1 Jean 5:21 dit : *Petits enfants, gardez-vous des idoles.*

REFLEXION

Quelles sont certaines des idoles que vous avez dans votre vie ? Pourquoi servez-vous Dieu ?

Nous faisons confiance à Jésus parce qu'il a donné sa vie pour nous. Si nous l'aimons réellement, nous lui obéirons et lui ferons totalement confiance pour guider nos vies. *Lorsque nous lui faisons confiance, il va nous remplir de joie et de paix. Que le Dieu de l'espérance vous remplisse de toute joie et de toute paix dans la foi, pour que vous abondiez en espérance, par la puissance du Saint Esprit !* (Romains 15:13).

Jour 3 Nous ne pouvons faire confiance à nos émotions

Pendant les quelques premiers mois de ma vie chrétienne, j'avais parfois l'impression de ne pas vraiment être chrétien. Parfois je me sentais proche de Dieu et, le jour suivant, il me semblait à des millions de kilomètres. J'étais de plus en plus déprimé et découragé parce que je pensais que ce que je ressentais reflétait ma condition spirituelle. Puis un conseiller plein de sagesse m'a encouragé à relire 1 Jean 5:13 où il est écrit : *Je vous ai écrit ces choses, afin que vous sachiez que vous avez la vie éternelle, vous qui croyez au nom du Fils de Dieu.*

Croire à la parole de Dieu et faire confiance qu'elle est vraie fait jaillir la foi dans nos cœurs. Je savais que j'avais choisi de croire en Jésus Christ comme mon Seigneur et mon Sauveur. Sa Parole a réglé la question pour moi, parce que j'ai cru qu'elle disait la vérité. Je savais que je ne pouvais pas baser ma relation avec Dieu sur mes émotions ; en fait, j'ai du réaliser que parfois, mes émotions ne s'alignent pas sur la vérité. Je suis en relation avec Dieu parce qu'il dit que je le suis. Il donne tant de promesses auxquelles je peux croire dans sa Parole. La parole de Dieu a amené un sentiment de plus en plus profond de son amour pour moi et m'a aidé à lui faire confiance quelles que soient mes émotions du moment.

Nos vies sont complètement transformées quand nous nous voyons nous-mêmes et les autres en fonction de ce que Dieu dit à notre sujet et à son sujet, et pas en fonction de ce nous ressentons. La piètre vision que les gens ont

d'eux-mêmes a souvent ses racines dans la piètre vision qu'ils ont de Dieu. Lorsque nous savons ce que la parole de Dieu dit, nous serons guidés par le St-Esprit pour marcher dans la repentance, la foi et la discipline dans notre vie nouvelle.

Vous êtes un homme nouveau (une femme nouvelle) avec une nouvelle nature qui est renouvelée et transformée, selon Ephésiens 4:22-24 : *Vous avez été instruits à vous dépouiller, eu égard à votre vie passée, du vieil homme qui se corrompt par les convoitises trompeuses, à être renouvelés dans l'esprit de votre intelligence, et à revêtir l'homme nouveau, créé selon Dieu dans une justice et une sainteté que produit la vérité.*

Jour 4 Et si je ne change pas complètement après avoir donné ma vie à Jésus ?

Le fait de devenir chrétien se passe en un instant. Quand nous donnons notre vie à Jésus, nous entrons dans une vie nouvelle. A cause de la grande miséricorde de Dieu, il nous sauve en nous purifiant de nos péchés... *non à cause des oeuvres de justice que nous aurions faites, mais selon sa miséricorde, par le baptême de la régénération et le renouvellement du Saint Esprit* (Tite 3:5).

Vivre victorieusement
1 Pierre 1:22
Romains 6:6 ; 8:1, 4-5, 12-14
Galates 5:25 ; 6:8
Hébreux 3:13 ; 12:1
Tite 2:11-12 ; 3:3-7
2 Corinthiens 3:18

Votre esprit est purifié en un instant quand le St-Esprit vient vivre en vous. Cela ne signifie pas, cependant, que vous ne pécherez plus jamais. Votre ancienne nature continue à se battre contre votre nouvelle nature, et vous avez un rôle à jouer afin de pouvoir vivre victorieusement. *Je dis donc : Marchez selon l'Esprit, et vous n'accomplirez pas les désirs de la chair. Car la chair a des désirs contraires à ceux de l'Esprit, et l'Esprit en a de contraires à ceux de la chair ; ils sont opposés entre eux, afin que vous ne fassiez point ce que vous voudriez. Si vous êtes conduits par l'Esprit, vous n'êtes point sous la loi* (Galates 5:16-18).

Les désirs pécheurs pourront encore vous attirer, mais vous avez maintenant le St-Esprit qui vous pousse vers la sainteté. Votre nature même a été transformée, et c'est dans votre nouvelle nature que d'obéir à Dieu. La puissance que le péché avait dans votre vie est maintenant brisé et un chemin de victoire est ouvert : le St-Esprit vous aide à vaincre le péché. En tant que chrétien, il sera pour vous impossible de vivre dans un style de vie de péché, parce que vous êtes né de nouveau dans une vie nouvelle. Le Seigneur vous rendra conscient de tout péché non confessé dans votre vie, parce qu'il est un Dieu compatissant. Supposez que je vous offre un livre et que je découvre trois semaines plus tard que j'ai encore chez moi deux pages qui font partie de ce livre. Je vais m'assurer que vous receviez ces deux pages pour que vous ne manquiez rien du contenu du livre. De la même manière, le Seigneur ne veut pas que nous manquions quoi que ce soit qui nous empêcherait d'expérimenter une vie chrétienne dirigée par l'Esprit. Il va nous révéler les domaines de nos vies qui ont encore besoin de purification et nous aidera à remporter la victoire dans ces domaines.

Un homme a grandi en haïssant un groupe de voisins qui étaient d'une autre nationalité. Même après qu'il soit devenu croyant, il les regardait avec mépris simplement à cause de leur nationalité. Finalement, il a lu dans les Ecritures que chacun est sur le même pied d'égalité dans la famille de Dieu quel que soit son arrière-plan (Romains 10:12). Il s'effondra et se repentit devant Dieu de son péché de haine envers ces personnes. Dieu lui donna un cœur nouveau

REFLEXION

Comment remportez-vous la victoire sur le péché après être devenu un chrétien, selon Galates 5:16-17 ?

pour ses voisins et il devint ami avec plusieurs d'entre eux. Si nous sommes ouverts, Dieu va continuer à nous purifier, à nous transformer et à nous donner la victoire sur le péché dans notre vie.

Jour 5 **Faire confiance à Jésus pour nous pardonner complètement**

Souvenez-vous, quand Jésus pardonne nos péchés, il les pardonne quel que soit le nombre que nous ayons commis ou leur gravité. Tous nos péchés passés sont effacés, lavés par son sang répandu sur la croix. Le sang, tant dans l'Ancien que dans le Nouveau Testament, signifie la mort. Christ est mort, substitut divin pour nous pécheurs. Il est devenu le substitut qui subirait la punition pour notre péché de manière permanente ! 1 Jean 1:7 dit que le sang de Jésus nous purifie du péché.

Le pardon des péchés
Esaïe 43:25
Jérémie 33:8
Ezéchiel 18:22 ; Actes 3:19
Hébreux 9:28 ; 10:10-18

Mais si nous marchons dans la lumière, comme il est lui-même dans la lumière, nous sommes mutuellement en communion, et le sang de Jésus son Fils nous purifie de tout péché.

Quand nos habits sales sont lavés avec de la lessive, ils ressortent sans taches. Le sang de Jésus est la lessive la plus puissante de l'univers. Il nous lave complètement de tout péché. La purification est un processus dans la vie de chaque croyant. En tant que croyants, nous ferons tous nos efforts par sa grâce pour marcher dans la lumière afin d'avoir une communion intime avec Dieu et les uns avec les autres.

Une femme lava une fois les pieds de Jésus avec ses larmes parce qu'elle était si reconnaissante pour le pardon de ses péchés. Jésus a dit… *Ses nombreux péchés ont été pardonnés, car elle a beaucoup aimé* (Luc 7:47).

Le vrai amour pour Jésus provient d'une profonde prise de conscience de notre état de péché passé et du fait qu'il nous a pardonnés complètement. Certains pensent qu'ils ont fait de telles erreurs et ont péché si horriblement que Dieu ne pourra jamais les pardonner. Quel que soit le péché, chacun est pardonné, parce que Dieu aime pardonner le péché quand nous nous repentons.

REFLEXION
Selon 1 Jean 1:7, qu'est-ce qui vous purifie du péché ? Réfléchissez sur la façon dont vous avez expérimenté l'amour de Dieu et le pardon des péchés.

Jour 6 **Il ne souvient plus de nos péchés**

Quand nous nous repentons de nos péchés, Dieu les pardonne et ne s'en souviendra ni ne les mentionnera plus jamais. Le Psaume 103:12 nous dit : *Autant l'orient est éloigné de l'occident, autant il éloigne de nous nos transgressions* (Psaume 103:12).

Vous ne pourriez pas en être plus éloigné ! C'est aussi loin que vous pouvez imaginer. Quand Jésus pardonne nos péchés, il les pardonne, point final. Dieu nous donne une merveilleuse promesse dans Michée 7:19. Il dit qu'il… *mettra sous ses pieds nos iniquités et jettera au fond de la mer tous nos péchés.*

Cette promesse dessine avec des mots une image étonnante. Nos péchés coulent jusqu'au fond de l'océan pour ne jamais remonter. Dieu non seulement jette nos péchés au fond de la mer la plus profonde, mais je crois qu'il place aussi une pancarte : « Pêche interdite ! »

Quand les Egyptiens ont poursuivi les Israélites dans la mer Rouge, il n'est pas resté un seul Egyptien pour s'attaquer au peuple de Dieu. Ils ont tous péri dans la mer. De même, aucun péché confessé de notre part ne peut survivre au pardon de Dieu. Comme les Egyptiens et leurs chars, nos péchés « …*se sont enfoncés comme du plomb dans la profondeur des eaux* » (Exode 15:10). Nos péchés sont totalement pardonnés, et on ne s'en souviendra plus jamais. Le Seigneur a oublié nos péchés comme s'ils n'avaient jamais été, et il veut que nous les oubliions nous aussi. Nous sommes totalement libérés quand Jésus pardonne nos péchés. Nous pouvons lui faire confiance !

REFLEXION
Quand Dieu pardonne votre péché, s'en souvient-il encore ? Où votre péché va-t-il d'après Michée 7:19 ?

Jour 7 **On peut compter sur Lui !**

Notre confiance dans le Seigneur est une espérance certaine basée sur ses promesses. Nous pouvons placer notre espoir confiant dans le Seigneur qui promet de ne pas nous décevoir. *Or, l'espérance ne trompe point, parce que l'amour de Dieu est répandu dans nos coeurs par le Saint Esprit qui nous a été donné* (Romains 5:5).

Le Psalmiste met cette « confiance » et cette « espérance » en perspective dans le Psaume 146:3-5 quand il dit : *Ne vous confiez pas aux grands, aux fils de l'homme, qui ne peuvent sauver. Leur souffle s'en va, ils rentrent dans la terre, et ce même jour leurs desseins périssent. Heureux celui qui a pour secours le Dieu de Jacob, qui met son espoir en l'Éternel, son Dieu !*

Nous ne pouvons pas faire confiance à de simples hommes mortels, mais nous pouvons faire confiance à notre Dieu ! Nous pouvons compter sur lui pour nous donner ce qu'il nous a promis. Il nous donne de l'espérance.

Je suis béni quand mes enfants me croient quand je leur fais une promesse. Cela me ferait de la peine s'ils ne me faisaient pas confiance. Notre Père céleste ressent les choses de la même façon avec nous, ses enfants. Il a démontré sa fidélité envers nous. Nous pouvons

REFLEXION

Si vous vous confiez en Dieu, quelle est sa promesse (Psaume 146:3-5) ? Partagez avec quelqu'un les situations où vous avez du faire confiance à Dieu.

totalement lui faire confiance, ainsi qu'à sa parole. Le fondement de notre confiance en Dieu vient de la nature même de Dieu, de Jésus Christ et de sa Parole. Nous ne pouvons pas placer notre confiance en d'autres êtres humains, dans des possessions matérielles ou dans n'importe quelle autre chose sur cette terre. Notre confiance constante ne vient que du Seigneur qui *ne trompe pas* (Romains 5:5).

Bouillant, froid ou tiède ?

Jour 1 **Ni chaud ni froid**

Si nous sommes désinvoltes par rapport à notre relation avec Jésus, nous sommes comme un verre d'eau tiède, ni chaud ni froid. Quelqu'un vous a-t-il déjà offert un verre d'eau tiède par un jour d'été torride alors que vous souhaitiez un verre d'eau froide rafraîchissante ? Quelle frustration ! Vous l'avez probablement crachée hors de votre bouche de déception ! De la même manière, Jésus déteste la tiédeur dans nos vies.

L'église de Laodicée était remplie de chrétiens tièdes qui faisaient des compromis avec le monde. Ils professaient être chrétiens, mais ils ressemblaient plus au monde qu'à Christ. Christ dit qu'ils ne le réalisaient pas, mais qu'ils étaient « pauvres, misérables, aveugles et nus » (Apocalypse 3:17).

Le Seigneur avertit cette église de son jugement contre leur condition spirituelle dans Apocalypse 3:15-17 : *Je connais tes oeuvres. Je sais que tu n'es ni froid ni bouillant. Puisses-tu être froid ou bouillant ! Ainsi, parce que tu es tiède, et que tu n'es ni froid ni bouillant, je te vomirai de ma bouche.*

REFLEXION
*Pourquoi le Seigneur déteste-t-il la tiédeur spirituelle ?
En quoi ressemblez-vous plus au monde qu'à Christ ?*

Dieu déteste la tiédeur. Il veut notre plein engagement plutôt qu'un compromis avec le monde entraînant l'apathie. Notre tiédeur laisse un mauvais goût dans sa bouche, et il va nous vomir !

Jour 2 **Compromis spirituel**

Comme nous venons de l'apprendre, le Seigneur nous veut complètement engagés pour lui et sans compromis. La tiédeur le repousse. Nous ne pouvons pas essayer d'avoir un pied dans le royaume de Dieu et un pied dans le royaume des ténèbres. Ce genre d'hypocrisie produit le compromis spirituel et déplaît à Dieu.

Une des raisons pour lesquelles Dieu est si préoccupé par la tiédeur est qu'il sait que les gens observent nos vies. La Bible dit que nos vies sont comme une lettre que Dieu écrit pour les gens qui nous observent. *C'est vous qui êtes notre lettre, écrite dans nos coeurs, connue et lue de tous les hommes* (2 Corinthiens 3:2).

Nos vies sont la seule Bible que beaucoup de gens liront jamais. Examinons nos vies spirituelle aujourd'hui. Sommes-nous tièdes ?

Si nous ne trouvons pas bouillants – enthousiasmés par les choses de Dieu – suivons la prescription du Seigneur. Nous la trouvons dans Apocalypse 3:19... *Aie donc du zèle, et repens-toi* (la version anglaise Living Bible traduit : *Deviens enthousiaste pour les choses de Dieu*).

C'est notre choix. Je choisis d'être bouillant. Et vous ?

REFLEXION
Comment est-il possible d'avoir un pied dans le royaume de Dieu et un autre dans le royaume des ténèbres ? Pourquoi est-il important pour vous de devenir enthousiaste pour les choses de Dieu ?

Jour 3 Un chemin qui semble juste

On raconte une histoire au sujet d'un bateau de croisière avec des passagers répartis en cabines de première et de seconde classe. Après quelques jours en mer, le capitaine annonça qu'à partir de maintenant, chacun serait traité en première classe, quelle que soit le prix qu'il a payé. Il y aurait du homard et de la cuisine raffinée pour tous. Les gens s'enthousiasmèrent et s'empiffrèrent de nourriture, s'exclamant que c'était là le meilleur capitaine du monde. Seul le capitaine connaissait la véritable raison derrière cette offre – le bateau était en train de couler et dans quelques temps, tout le monde serait mort.

Le compromis spirituel
2 Corinthiens 11:3 ; 3:14 ; 10:5

C'est de cette manière que le diable nous ment. Il nous dit : « Profite de tout, ne t'inquiète pas – mange, bois, réjouis-toi. Tu peux déterminer ta propre vérité. Dieu n'exige pas vraiment que tu vives une vie sainte. Tout le monde le fait. » Mais notre propre sagesse ne peut pas déterminer ce qui est juste et ce qui est faux. Seule la parole de Dieu peut faire cela. Seule la parole de Dieu peut nous dire si nous sommes sur le bon chemin de la vie. Le diable préférerait que nous restions aveugles et ignorants, parce qu'il ne veut pas que les gens sachent que la Bible dit : *Telle voie paraît droite à un homme, mais son issue, c'est la voie de la mort* (Proverbes 14:12).

De manière à déterminer la bonne façon de vivre, nous devons suivre la révélation divine écrite dans la Bible. Tout autre chemin nous conduit à la mort spirituelle. Nous ne pouvons pas nous permettre d'être trompés.

Le plan de l'ennemi pour nos vies est de nous détruire, de nous dérober et de nous tuer. Il vole la joie, la paix et l'espérance des vies de ceux que le Seigneur a créés pour expérimenter une vie authentique et abondante. Jésus Christ est venu pour nous donner cette qualité de vie-là, pleine de joie et d'enthousiasme ! Jésus l'a formulé comme ceci : *Le voleur ne vient que pour dérober, égorger et détruire ; moi, je suis venu afin que les brebis aient la vie, et qu'elles soient dans l'abondance* (Jean 10:10).

La Bible nous dit que Jésus est venu pour détruire les œuvres du diable (1 Jean 3:8). Il semble insensé de ne pas vouloir être dans l'équipe gagnante de Dieu !

REFLEXION

Il y a un chemin qui peut vous sembler juste, mais quelle est sa destination ? Que pouvez-vous apprendre de l'histoire du bateau de croisière ?

Jour 4 Nous sommes-nous détournés de notre premier amour ?

Lorsque nous sommes tièdes spirituellement, nous nous sommes détournés de notre premier amour pour Jésus. Un amour frais vibre et enthousiasme. Mais l'amour perd de son lustre lorsque la communication se tarit. Si nous ne communiquons plus dans une relation avec notre Père céleste, notre amour pour lui va chanceler. Peut être avez-vous invité Jésus Christ dans votre vie en tant que Seigneur il y a longtemps, mais maintenant, vous avez perdu votre premier amour pour lui.

Dans Apocalypse 2:4-5, l'église d'Ephèse avait commencé par une dévotion et un amour profond pour Christ, mais le Seigneur les avertit que leur situation actuelle avec lui souffrait de graves manques. Bien qu'ils aient fait beaucoup de bonnes choses et travaillé dur pour l'évangile, l'amour de leur cœur pour Jésus était mort... *Tu as abandonné ton premier amour. Souviens-toi donc d'où tu es tombé, repens-toi, et pratique tes premières œuvres...*

Le simple fait d'avoir connu le Seigneur intimement dans le passé ne signifie pas nécessairement que nous ayons une relation proche avec lui aujourd'hui. Une fois, alors que je parlais dans une école secondaire publique, je soulignais cette vérité, et j'ai demandé aux étudiants : « Y en a-t-il parmi vous qui connaissent encore leur maîtresse d'école maternelle ? » J'ai été surpris quand une fille à l'arrière de la pièce leva la main et dit : « Bien sûr, c'est ma mère ! » Elle avait marqué un point. Les autres étudiants, cependant, n'avaient pas maintenu une relation avec leur maîtresse d'école maternelle, leur relation actuelle avec elle était donc inexistante. Avez-vous une relation vitale avec votre Père céleste aujourd'hui ? Il est toujours là, attendant que vous et moi revenions à lui. *Approchez-vous de Dieu, et il s'approchera de vous…* (Jacques 4:8).

REFLEXION

Que signifie le fait d'abandonner son premier amour pour Jésus ?
Si vous vous détournez de votre premier amour, que le Seigneur vous invite-t-il à faire (Apocalypse 2:5) ?

Jour 5 Il frappe à la porte de notre cœur

Peut-être avez-vous connu Jésus de manière personnelle dans le passé, mais que vous êtes loin de lui aujourd'hui. Vous avez abandonné votre amour autrefois bouillonnant pour Jésus. Dans Apocalypse 3:20, Christ invite les gens tièdes de l'église de Laodicée à revenir en communion avec lui. Il est décrit comme se tenant à la porte attendant d'être réinvité à l'intérieur.

Jésus frappe à la porte de nos vies, attendant que nous nous repentions de notre tiédeur et ouvrions la porte pour le faire entrer. Jésus n'a pas seulement averti l'église de Laodicée de sa condition, il l'a immédiatement invitée à se repentir et à être restaurée dans sa relation avec lui… *Voici, je me tiens à la porte, et je frappe. Si quelqu'un entend ma voix et ouvre la porte, j'entrerai chez lui, je souperai avec lui, et lui avec moi* (Apocalypse 3:20).

REFLEXION

Que le Seigneur promet-il si vous vous repentez de votre tiédeur (Apocalypse 3:20) ?
Comment a-t-il frappé à la porte de votre cœur pour vous ramener en communion avec lui ?

Il donne cette invitation depuis le côté extérieur de la porte, en frappant et en plaidant pour être réadmis dans la présence de l'église. Il promet que si elle se repent de sa tiédeur et de son manque d'amour pour lui, il va complètement la restaurer. Quelle promesse étonnante ! Jésus désire avoir une relation personnelle avec vous aujourd'hui. Si vous vous êtes détournés de Dieu, il désire que vous lui rouvriez la porte de votre vie. Et quand vous ouvrirez la porte, il entrera et communiera à nouveau avec vous !

Jour 6 La puissance de votre témoignage

Après avoir reçu Christ en tant que Seigneur de votre vie, il est important que vous donniez votre témoignage aussi souvent que possible à autant de monde que possible. Une des façons de remporter la victoire sur Satan est de parler pour Christ. Apocalypse 12:11 dit : *Ils l'ont vaincu à cause du sang de l'agneau et à cause de la parole de leur témoignage…*

Il y a une puissance spirituelle libérée quand nous témoignons de la façon dont le Seigneur a transformé nos vies ! Chaque chrétien a une histoire importante à raconter sur la manière dont il/elle est venu(e) à Jésus Christ en tant que Seigneur. N'ayez jamais honte de parler pour Christ. *N'aie donc point honte du témoignage à rendre à notre Seigneur, ni de moi son prisonnier. Mais souffre avec moi pour l'Évangile, par la puissance de Dieu qui nous a sauvés, et nous a adressé une sainte vocation, non à cause de nos oeuvres, mais selon son propre dessein, et selon la grâce qui nous a été donnée en Jésus Christ avant les temps éternels…* (2 Timothée 1:8-9).

Les gens vont écouter quand nous partageons nos histoires personnelles sur la manière dont nous sommes venus à Christ. Ils ne seront pas intimidés, parce qu'ils n'auront pas à être d'accord ou non avec nos déclarations. C'est notre histoire, et ils ne peuvent pas nier la façon dont nous avons été convaincus de suivre Jésus. Lorsque nous partageons nos histoires, nous devrions mettre l'accent sur le fait que Dieu les aime et que Jésus est mort pour eux afin qu'ils puissent être pardonnés et renouvelés. Nous devrions leur dire les changements que le Seigneur a faits dans nos vies, ce qui peut leur donner de l'espérance pour leurs propres vies.

REFLEXION
De quoi ne devriez-vous jamais avoir honte ? Partagez votre histoire personne sur la manière dont vous êtes venu à Jésus. Pourquoi est-il important de donner votre témoignage aussi souvent que possible ?

Jour 7 Authentique ou contrefaçon ?

Pour certaines personnes, le christianisme est basé sur l'apparence extérieure ou sur ce qu'ils font plutôt que sur l'authenticité de leur amour pour Dieu. Ils apparaissent justes à l'extérieur, mais à l'intérieur, ils ne sont pas nés de Dieu et de l'Esprit. Jésus réprimanda sévèrement les scribes et les Pharisiens dans Marc 7:6 pour ce genre d'hypocrisie… *Ce peuple m'honore des lèvres, mais son coeur est éloigné de moi.*

Pendant des années, j'ai joué dans la même ligue que les Pharisiens. Je me considérais comme chrétien, mais vivais une vie chrétienne de contrefaçon. Ma famille allait à l'église tous les dimanches pendant mon enfance. Voici mon historie. Lorsque j'ai eu onze ans, nous avons participé à une rencontre d'évangélisation particulière. Comme je ne voulais vraiment pas aller en enfer, je me suis levé quand l'évangéliste a fait un appel. Par la suite, j'ai été baptisé et suis devenu membre de l'église.

Ce que je désirais en réalité ce soir-là, c'était une « assurance incendie ». J'ai décidé que le christianisme me protégerait de l'enfer, mais cela n'allait pas plus loin que cela. Mon engagement envers le Seigneur était incomplet, il n'a donc pas fallu longtemps pour que je vive une vie chrétienne factice. Je n'agissais comme un chrétien que lorsque j'étais avec mes amis chrétiens (on appelle aussi cela l'hypocrisie). Sept ans plus tard, une amie m'a confronté : « Si tu devais mourir aujourd'hui, serais-tu certain d'aller au ciel ? » Honnêtement, je ne connaissais pas la réponse, j'ai donc répondu : « Personne ne peut affirmer cela. »

La jeune femme n'a pas hésité dans sa réponse. Elle m'a dit : « Eh bien, moi j'en suis certaine. »

J'avais été mis en face de la vérité. Bien sûr, je pouvais parler de Dieu et de la Bible. Cependant, je ne pouvais pas parler de Jésus, parce que je ne le connaissais pas personnellement. J'avais pris une sorte d'engagement avec le Seigneur, mais quelque part, je croyais que Dieu m'accepterait si je faisais assez de bonnes choses en cours de route. Je ne réalisais pas que la vie éternelle ne vient que par la foi en Jésus Christ en tant que Seigneur.

Plus tard ce soir-là, lorsque j'ouvris ma Bible à la maison, tout ce qui y était écrit semblait l'avoir été spécialement pour moi. J'ai lu le passage où Jésus dit : « Vous, hypocrites ! », et je savais que j'étais aussi un hypocrite. Mes amis me considéraient comme « le boute en train de l'équipe », mais je connaissais la vérité. La solitude était ma compagne chaque soir que je passais seul à la maison. Pire encore, j'avais peur que si je mourais pendant la nuit, je mourrais sans Dieu pour l'éternité. J'en suis venu à réaliser que ma conversion était une contrefaçon. Cette nuit-là, j'ai dit : « Jésus, je te donne ma vie. Si tu peux utiliser cette vie pourrie, je te servirai pour le restant de mes jours. »

Dieu me changea miraculeusement au moment où je me suis adressé à lui par la foi. Mes attitudes et mes désirs ont changé. Même ma pensée a commencé à changer. Cette fois, j'étais clairement né de nouveau parce que Jésus Christ était devenu mon Seigneur. J'étais une nouvelle création en Christ, et j'en suis éternellement reconnaissant à Jésus.

Si vous essayez d'apparaître justes, mais continuez à poursuivre des directions de péché dans vos cœurs et vos pensées, vous vivez peut-être une vie chrétienne contrefaite. Il est temps de demander au St-Esprit de mettre la lumière de Dieu sur vos cœurs. Venez à la croix de Jésus, confessez votre péché et acceptez le pardon de Dieu.

Priez cette prière de confession et de repentance, et recevez l'amour et le pardon inconditionnel de Dieu. *Seigneur, je suis tombé dans le piège de l'hypocrisie et soupire après la liberté que je peux avoir en toi. Je confesse avoir essayé d'être juste*

REFLEXION
Comment certains chrétiens confessant sont-ils des contrefaçons ? Comment pouvez-vous faire la différence ?

sans toi et avoir vécu une vie chrétienne contrefaite. S'il te plait, pardonne mon péché afin que je puisse venir sous la puissance, le contrôle et l'influence de Ta justice. Merci de me libérer, Jésus. Je prie pour le courage et la sagesse de vivre ma nouvelle vie en Christ et expérimenter la plénitude et la liberté que tu désires que j'aie.

Fondements bibliques 1

Canevas
d'enseignement

Poser un fondement solide

1. Le fondement de Jésus Christ
(1 Corinthiens 3:11)
Ex. Le premier pas dans la construction d'une maison – poser un fondement solide.
a. Jésus proclame être le chemin, la vérité et la vie (Jean 14:6).
b. Comment est-il possible de tout savoir sur Dieu, mais de ne pas vraiment le connaître personnellement ?
Ex. Vous savez peut-être des choses sur la reine d'Angleterre, mais vous ne la connaissez certainement pas personnellement.
c. Dieu S 'est révélé a' nous au travers de Jésus Christ (Jean 17:3)

2. Dieu désire nous connaître personnellement !
a. Dieu avait prévu que la beauté de l'univers conduise les hommes à lui. Psaume 19:1, Romains 1:20.
b. L'existence de Dieu peut-elle être prouvée ? Non, elle doit être acceptée par la foi. Hébreux 11:6.
c. Pourquoi Dieu cherche-t-il l'humanité ? Pour refléter son image et vivre en communion avec lui (Genèse 1:26).

3. Jésus – le seul chemin qui conduit à Dieu
a. Pourquoi avez-vous été créés ? Dieu a créé l'homme sans péché pour avoir une relation parfaite avec lui.
b. Après qu'Adam et Eve se soient rebellés, le péché a aliéné l'homme de Dieu. (Genèse 3:6, 14-19).
c. Comment pouvons-nous connaître Dieu ? Au travers de Jésus Christ. (Jean 14:7, 9).

4. Réalisons que nous sommes perdus dans nos péchés
Romains 3:23

a. Pécher signifie manquer la cible de la volonté parfaite de Dieu.
Ex. Impossible de toujours toucher le centre de la cible.
Histoire de D.L. Moody du maillon faible.

b. Jésus est venu pour résoudre le problème du péché de l'humanité, d'abord en nous convainquant de péché (Jean 16:8), puis nous devons croire que Jésus peut nous sauver de notre péché (Jean 3:18).

5. Se repentir et croire

a. Dieu ne veut pas nous voir périr dans le péché (2 Pierre 3:9).
b. Quel salaire le péché nous paie-t-il ? La peine de mort (Romains 6:23), mais Dieu nous offre le don gratuit du salut et de la vie éternelle.
c. Se repentir et croire en la bonne nouvelle (Marc 1:14-15).
d. *Repentance* signifie *changer, se détourner, transformer.*
e. La repentance consiste à se détourner de tout ce que nous savons déplaire à Dieu – reddition inconditionnelle.

6. Confesser Jésus Christ en tant que Seigneur

(Romains 10:9)
Ex. *Comme un couple confesse leur engagement mutuel le jour de leur mariage, nous confessons Jésus Christ en tant que Seigneur pour commencer notre relation avec Dieu.*

a. Seigneur signifie dirigeant, roi, patron. Qu'est-ce le fait d'avoir Jésus comme Seigneur signifie pour vous ?
b. Un jour, chacun se prosternera devant le Seigneur. (Philippiens 2:10-11).

7. Recevoir le salut et devenir un enfant de Dieu !

a. Jésus a pris notre place sur la croix afin que nous puissions connaître Dieu.
(1 Pierre 3:18).
b. Vous devez le recevoir pour devenir son enfant (Jean 1:12). Quelle est la différence entre croire et recevoir Christ ?
Ex. *L'argent offert à l'adolescent. Il peut y croire, mais il doit aussi le recevoir.*
c. Avez-vous invité Jésus dans votre vie ? C'est aujourd'hui le jour du salut (2 Corinthiens 6:2).

Calculer le prix

1. Engagement total requis

a. « Invoquez le Seigneur, soyez sauvé » (Romains 10:13). Le fait d'invoquer le Seigneur requiert un engagement total.

b. Parfois, les chrétiens prêchent un Jésus « faible ». Calculer le prix (Luc 14:33).

   Ex. *Responsable de jeunesse qui change son approche pour présenter un « Jésus qui doit être Seigneur de tout » et qui voit des fruits durables.*

c. En quoi avez-vous calculé le prix avant de vous être engagé avec Christ ?

2. Considérer le prix

a. Considérer sérieusement ce qu'implique le fait de le suivre. (Luc 14:28-29).

b. Luc 14:26. Que signifie le fait de haïr les membres de sa famille, y compris notre propre vie ? La dévotion envers sa famille doit prendre la seconde place, derrière la dévotion à Christ.

   Ex. *de la femme juive rejetée par sa famille quand elle a été sauvée. Elle a compris ce que signifie tout abandonner pour suivre Christ.*

   Ex. *Charles Finney demandait à ses étudiants de calculer le prix d'abord. Leur engagement était durable.*

3. Porter la croix

(Luc 14:27, 33),

Ex. *Histoire du poulet et du cochon*

a. Porter la croix de Christ est un symbole de la mort à soi-même.

b. Quand vous mourrez à vos péchés, vous sauvez votre vie ! (Luc 9:23-24).

c. Comment le fait d'avoir perdu votre vie pour Jésus l'a en fait sauvée ?

4. Jésus doit être Seigneur de tout

a. Matthieu 19:16-22. le jeune homme riche n'était pas complètement engagé envers le Seigneur. Soit Jésus est Seigneur de tout, soit il n'est pas Seigneur du tout !

Ex. On ne peut pas garder la boîte à gants ! Comment essayons-nous de garder des « boîtes à gants » pour nous-mêmes ?

b. Pourquoi certaines personnes sont-elles frustrées ? Nos vies ne peuvent remplie de sens que quand Jésus nous donne la vraie vie !

(1 Jean 5:11-12).

5. Vends tout !

a. Jésus attend de nous que nous abandonnions tout à sa Seigneurie. Parabole de la Perle (Matthieu 13:45-46). Quelle était la valeur de la perle ?

b. Nous avons été rachetés à un prix (1 Corinthiens 6:20) et devrions être prêts à tout sacrifier pour Christ.

Ex. Les disciples abandonnant leurs bateaux, leurs filets, leur position de collecteur d'impôts (leur source de revenus) pour suivre Jésus.

c. Comment tout donner au Seigneur ?

6. Tout lui appartient

a. Les choses terrestres peuvent nous rendre esclaves (Luc 12:34). Quelles sont certaines des choses desquelles les gens sont esclaves aujourd'hui ?

b. Jésus est le propriétaire, nous sommes les intendants. Comment gérez vous, plutôt que de les posséder, les choses terrestres ?

Ex. Histoire des chrétiens d'Argentine qui ont vendu des maisons pour les donner à l'église... mais qui les ont reçues en retour pour en être les intendants.

7. Comment renaître spirituellement

a. Nicodème a appris ce qu'était la nouvelle naissance – le fait d'être transformée de l'intérieur (Jean 3:3). Pourquoi est-ce si important d'être né de nouveau spirituellement ?

b. Commencez à vivre la vie nouvelle de Christ qui vit en vous !

(Galates 2:20).

c. Comment le Seigneur a-t-il changé votre cœur ?

Confiance totale

1. La différence entre la croyance et la confiance

a. Croire en Jésus pour avoir la vie éternelle (Jean 3:16).

b. Beaucoup de gens croient, mais ne font pas réellement confiance. Même l'ennemi croit en Jésus (Jacques 2:19).

Ex. Les enfants qui font confiance à leur papa et sautent dans ses bras.

Ex. Le funambule qui marche sur une corde par-dessus les chutes du Niagara.

c. Etre sincère n'est pas suffisant. Vous pouvez vous tromper sincèrement.

Ex. L'homme qui roule (sincèrement) dans la mauvaise direction.

2. Nous faisons confiance à Dieu parce qu'il est Dieu !

a. Nous lui faisons confiance parce que nous l'aimons.

b. Paul révèle sa confiance en Christ (2 Timothée 1:12).

c. Ne pas faire confiance à Dieu pour ce que ça peut nous apporter, même s'il va « faire des dons au hommes » (Psaume 68:19).

Ex. Mauvaise raisons pour servir Dieu : L'homme qui sert Dieu avec l'espoir de pouvoir épouser une certaine fille.

d. Tout ce qui représente plus que Jésus pour nous est une idole.
(1 Jean 5:21).
Quelles sont certaines des idoles que nous pouvons avoir dans nos vies ?

e. Alors que nous faisons confiance au Seigneur, il va nous remplir de joie et de paix.
(Romains 15:13).

3. Nous ne pouvons faire confiance à nos émotions

Ex. Parfois nous nous sentons proches de Dieu et d'autres fois nous nous en sentons très éloignés. Pourquoi ne peut-on pas dépendre de nos émotions ?

a. Dieu veut que sachions que nous avons la vie éternelle (1 Jean 5:13).

b. Pensez à vous-mêmes en accord avec ce que Dieu dit à votre sujet, pas en fonction de ce que vous ressentez. Nous

sommes transformés et renouvelés.
(Ephésiens 4:22-24).

4. Et si je ne change pas complètement après avoir donné ma vie à Jésus ?

a. Quand vous devenez chrétien, votre esprit est lavé et purifié. (Tite 3:5).

b. Comment avoir la victoire sur le péché ? Les désirs de péché peuvent nous harceler, mais le St-Esprit nous donne la capacité de les surmonter (Galates 5:16-18).
   Ex. *Le livre avec des pages qui manquent.*
   Ex. *Un homme raciste devient chrétien et découvre que Dieu peut changer son cœur.*

5. Faire confiance à Jésus pour nous pardonner complètement

a. Qu'est-ce qui nous purifie du péché ? Le sang de Jésus (1 Jean 1:7).

b. L'amour pour Jésus vient d'une profonde prise de conscience de notre état de péché passé et de la conviction que nous sommes complètement pardonnés.
   (Luc 7:47).

c. Réfléchissez sur la manière dont vous avez expérimenté l'amour de Dieu et le pardon des péchés.

6. Il ne se souvient plus de nos péchés

a. Quand Dieu pardonne les péchés, il ne s'en souvient plus (Psaume 103:12).

b. Où va notre péché ? Au fond de l'océan (Michée 7:19).
   Ex. *Les Egyptiens ont péri dans la mer (Exode 15:10) comme nos péchés.*

7. On peut compter sur Lui !

a. Notre confiance dans le seigneur est une espérance certaine.

b. Dieu ne va jamais décevoir (Romains 5:5).

c. Ne jamais faire confiance à des hommes mortels, seulement à Dieu (Psaume 146:3-5).

d. Dieu va donner ce qu'il a promis.
   Ex. *Je suis béni lorsque mes enfants me croient quand je leur fais une promesse. Dieu ressent la même chose.*

Connaître Jésus Christ en tant que Seigneur
Canevas du chapitre 4

Bouillant, froid ou tiède ?

1. Ni chaud ni froid
a. Jésus déteste la tiédeur (Apocalypse 3:15-17).
b. L'église de Laodicée était remplie de chrétiens tièdes qui faisaient des compromis avec le monde. Comment certains chrétiens ressemblent-ils plus au monde qu'à Christ ?

2. Compromis spirituel
a. Le fait d'avoir un pied dans le royaume de Dieu et un autre dans le royaume des ténèbres produit le compromis spirituel. Citez quelques manières possibles d'avoir un pied dans chaque royaume.
b. Pourquoi est-il important d'être enthousiaste au sujet de Dieu ? Nos vies sont la « Bible » que les gens lisent (2 Corinthiens 3:2).
c. Pas enthousiaste pour les choses de Dieu (Apocalypse 3:19) ? Les gens ne voudront pas ce que nous avons.

3. Un chemin qui semble juste
Ex. *Histoire du bateau de croisière. Que pouvons-nous apprendre ?*
a. Un chemin peut nous sembler juste, mais quelle est sa destination ? L'ennemi veut que nous restions ignorants des vérités bibliques (Proverbes 14:12).
b. Suivre la révélation écrite de Dieu dans la Bible.
c. Jésus est venu pour donner la vie en abondance (Jean 10:10) et détruire les œuvres du diable (1 Jean 3:8).

4. Nous sommes-nous détournés de notre premier amour ?
a. L'église d'Ephèse s'est détournée de son premier amour pour Jésus (Apocalypse 2:4-5). Que signifie abandonner son premier amour ?
b. Qu'est-ce que le Seigneur nous invite à faire ? Nous repentir.
c. Avez-vous une relation vitale avec Jésus (Jacques 4:8) ?

5. Il frappe à la porte de notre cœur

a. Dieu invite les chrétiens tièdes à revenir en communion avec lui (Apocalypse 3:20). Que promet le Seigneur si nous nous repentons de notre tiédeur ?

b. Si vous vous êtes éloigné de lui, le Seigneur vous invite à lui ouvrir à nouveau la porte de votre cœur. A-t-il frappé à la porte de votre cœur ?

6. La puissance de votre témoignage

a. Pourquoi est-il important de donner notre témoignage aussi souvent que possible ? Ecrasez les puissances des ténèbres en témoignant de la façon dont Christ vous a changé (Apocalypse 12:11).

b. De quoi ne devrions-nous jamais avoir honte ? De parler pour Christ (2 Timothée 1:8-9).

c. Chaque chrétien a une histoire personnelle à raconter sur la manière dont il est venu à Christ.
En tant qu'enseignant, ce serait un bon moment pour donner votre témoignage personnel au groupe.

7. Authentique ou contrefaçon ?

a. Pour certains, le christianisme est basé sur les apparences extérieures plutôt que sur un réel amour pour Dieu. Lire (Matthieu 5:20, 6:1-7, Jean 3:3-6).

b. Ces gens honorent Dieu avec leurs lèvres, mais leurs cœurs sont éloignés de lui (Marc 7:6).
Ex. *Histoire de la conversion contrefaite.*

c. Comment certains chrétiens confessant sont-ils des contrefaçons ?
Comment pouvons-nous faire la différence ?

Questions de méditation supplémentaires

Si vous utilisez ce livret comme guide de méditation quotidienne, vous aurez réalisé qu'il y a vingt-huit jours dans cette étude. Selon le mois, vous pourrez avoir besoin des trois études quotidiennes données ci-dessous.

Jour 29 A qui le trésor ?

Lisez Luc 12:16-21. Qu'est-ce que le jeune homme riche s'est dit à lui-même ?
Qu'est-ce que Dieu dit ? Comment pourriez-vous tomber dans le même piège ?

Jour 30 Quelle porte ?

Lisez Matthieu 7:13-14. Quelle est la différence entre la porte étroite et la porte large ? Expliquez cette illustration des deux portes par votre expérience personnelle.
Quoi choisit par quelle porte vous entrez ?

Jour 31 Pas de honte ?

Lisez Marc 8:26-29. Comment répondez-vous aux questions que Jésus a posées dans ces versets ? Si vous avez honte de Jésus, que nous dit-il de votre avenir (à moins que vous ne lui confessiez votre péché et receviez sa purification) ?
Que ces versets vous enseignent-ils par rapport à vos priorités ?